Entender a un adolescente

Guía para una comunicación efectiva y
una relación saludable con tu hijo
adolescente

Anna Schnitzer

Índice

5.3. Comportamiento rebelde

1. Introducción

La adolescencia es una etapa crucial en el desarrollo humano. En ella se producen importantes cambios físicos, emocionales y cognitivos.

Durante esta etapa, los adolescentes experimentan una necesidad creciente de independencia y autonomía, lo que a menudo puede generar conflictos y tensiones con los adultos que los rodean.

Por ello, la comunicación efectiva con los adolescentes es fundamental para establecer relaciones saludables y construir puentes de confianza entre padres, educadores y otros adultos significativos en su vida. Esta es un proceso bidireccional que implica la transmisión de información y la comprensión de las emociones, pensamientos y necesidades del otro.

La comunicación efectiva es clave para la resolución de conflictos, la toma de decisiones y el establecimiento de relaciones positivas y significativas.

Sin embargo, para muchos adultos, la comunicación con adolescentes puede ser desafiante, ya que a menudo se sienten incomprendidos o rechazados.

Este libro está diseñado para ayudar a los adultos a desarrollar habilidades de conexión con los adolescentes, enfocándose en una comunicación abierta y honesta.

En lugar de imponer nuestras ideas y expectativas, aprenderemos a escuchar y a entender las perspectivas y necesidades de los adolescentes.

La comunicación efectiva no solo implica la transmisión de información, sino también el establecimiento de un ambiente seguro y respetuoso, que permita el diálogo y la expresión de sentimientos y emociones.

La comunicación con los adolescentes puede ser un desafío, ya que en la adolescencia los jóvenes están en una etapa de transición y experimentación, y pueden ser propensos a la incomodidad o la evasión de temas difíciles.

Por eso, en este libro exploraremos las características de la comunicación con adolescentes, incluyendo los cambios cognitivos y emocionales que se producen durante esta etapa, así como las barreras comunes que pueden dificultar la conexión con los adultos.

En las siguientes secciones, analizaremos temas importantes para hablar con los adolescentes, como la sexualidad, las drogas y el alcohol, los problemas de salud mental, el desempeño académico y las relaciones interpersonales.

También exploraremos estrategias efectivas para fomentar la comunicación abierta, y establecer un ambiente seguro y respetuoso que permita el diálogo y la expresión de sentimientos y emociones.

No dejaremos de lado tampoco cómo abordar situaciones difíciles en la comunicación con adolescentes, como conflictos, mentiras y comportamiento rebelde. Veremos estrategias efectivas para abordar estos temas y cómo resolverlos de manera constructiva.

1.1. Importancia de una comunicación abierta con los adolescentes

La comunicación abierta con los adolescentes implica una actitud de apertura y respeto hacia ellos, de escuchar sus opiniones y necesidades, y permitir que se expresen libremente.

Por otro lado, la comunicación abierta también implica establecer un ambiente seguro y respetuoso que permita el diálogo y la expresión de sentimientos y emociones.

Este tipo de comunicación tiene muchos beneficios. En primer lugar, ayuda a establecer una relación de confianza entre los adultos y los adolescentes. Cuando ellos se sienten escuchados y respetados, es más probable que confíen en los mayores y compartan sus problemas y preocupaciones con ellos.

Esto a su vez permite a los adultos intervenir temprano y prevenir situaciones difíciles, como el abuso de drogas, la depresión y el comportamiento de riesgo.

Además, la comunicación abierta ayuda a mejorar su autoestima y confianza. Cuando los adolescentes sienten que sus opiniones son valoradas y respetadas, se sienten más seguros de sí mismos. Esto ayuda a desarrollar una identidad positiva y saludable.

La comunicación abierta también mejora la comprensión mutua y a reducir los malentendidos. A menudo, los adultos tienen expectativas y suposiciones sobre lo que piensan y sienten los adolescentes, lo que puede conducir a malentendidos y conflictos. Al escuchar de manera activa y comprender las perspectivas y necesidades de los adolescentes, estos pueden reducir los conflictos y mejorar la relación.

De igual manera, la comunicación abierta con los adolescentes ayuda a fomentar el desarrollo de habilidades sociales y resolución de conflictos. Al permitir que los adolescentes expresen sus emociones y pensamientos, y al enseñarles habilidades efectivas de comunicación y resolución de conflictos, los adultos pueden ayudar a los adolescentes a desarrollar habilidades de vida importantes que les servirán en el futuro.

Por otra parte, la comunicación abierta con los adolescentes ayuda a establecer una relación duradera y significativa. Cuando los adultos establecen relaciones saludables con los adolescentes, es más probable que estos últimos recurran a ellos para buscar consejos y orientación, incluso después de la adolescencia.

1.2. Objetivos del libro

Establecer una comunicación efectiva con los adolescentes es una de las tareas más retadoras que los adultos pueden asumir en sus vidas.

Los adolescentes enfrentan muchos desafíos en su camino hacia la madurez, y la comunicación abierta y respetuosa con adultos significativos para ellos puede ayudarles a capearlos, así como a desarrollar una identidad saludable.

Este libro está sobre todo dirigido a esos adultos. La siguiente lista de objetivos incluye lo principal que un adolescente necesita en su camino hacia la madurez.

Espero que estos objetivos te ayuden a comprender la importancia de la comunicación abierta con los adolescentes, y te proporcionen herramientas efectivas para establecer una comunicación saludable entre ambas partes:

• Ayudar a los adultos a comprender las necesidades y preocupaciones de los adolescentes.

• Proporcionar estrategias efectivas para establecer una comunicación abierta y respetuosa con los adolescentes.

- Enseñar habilidades de escucha activa y comprensión empática para fomentar la confianza y la conexión con los adolescentes.

- Proporcionar herramientas para manejar los conflictos y las tensiones comunes que surgen durante la comunicación con adolescentes.

- Fomentar la autoestima y la confianza de los adolescentes a través de una comunicación positiva y de apoyo.

- Enseñar habilidades efectivas de comunicación y resolución de conflictos a los adolescentes.

- Ayudar a los padres, educadores y otros adultos significativos a comprender las diferencias en la comunicación entre ambas partes, y adaptarla para que sea más efectiva con los adolescentes.

- Ofrecer estrategias para abordar temas difíciles, como el abuso de drogas, la sexualidad y el comportamiento de riesgo.

- Fomentar la comprensión y la tolerancia de las diferencias culturales y generacionales en la comunicación con adolescentes.

2. Entender a un adolescente

2.1. Desarrollo cognitivo y emocional en la adolescencia

La adolescencia es una etapa de la vida caracterizada por una gran cantidad de cambios, tanto físicos como mentales y emocionales. En este sentido, el desarrollo cognitivo y emocional de los adolescentes es uno de los aspectos más importantes a tratar en este apartado.

En cuanto al desarrollo cognitivo, durante la adolescencia se produce un importante aumento en la capacidad de pensar y razonar. Los adolescentes comienzan a desarrollar habilidades cognitivas más complejas, como la capacidad de pensar en abstracto, la reflexión crítica y la planificación a largo plazo.

También empiezan a comprender el pensamiento de los demás, y a desarrollar una perspectiva más amplia y compleja del mundo que les rodea.

Por su parte, el desarrollo emocional es igual de importante en la adolescencia. Durante esta etapa, se experimentan una gran cantidad de emociones intensas, a menudo acompañadas de cambios de humor frecuentes.

También se pueden experimentar cambios significativos en la forma en que uno se relaciona con los demás, incluidos los amigos, la familia y los compañeros sentimentales. Estos cambios pueden ser un desafío para los adolescentes, que a menudo se sienten confundidos o abrumados por sus emociones.

Con todo, se debe tener en cuenta que el desarrollo cognitivo y emocional no son procesos separados, sino que están estrechamente relacionados. El desarrollo cognitivo puede afectar a cómo los adolescentes experimentan y gestionan sus emociones, mientras que el emocional puede influir en cómo piensan y toman decisiones.

Por lo general, el desarrollo cognitivo y emocional en la adolescencia están compuestos por una serie de puntos clave a los que hay que prestar atención.

2.1.1. Desarrollo cognitivo

El desarrollo cognitivo en los adolescentes es un proceso complejo que involucra un aumento en la capacidad de pensar y razonar.

El desarrollo cognitivo en los adolescentes no ocurre de manera uniforme. Estos pueden experimentar avances en algunas áreas cognitivas, mientras que en otras áreas pueden estar más rezagados.

Además, el desarrollo cognitivo puede estar influenciado por factores externos, como el entorno social y educativo en el que se encuentran.

2.1.2. Desarrollo emocional

El desarrollo emocional en los adolescentes es un proceso clave que implica un aumento en la capacidad de reconocer, entender y regular las propias emociones, así como las de los demás. En este punto, las personas comienzan a experimentar emociones más complejas y, a veces, intensas, como la ansiedad, la tristeza, la ira y la alegría.

Como el desarrollo cognitivo, el desarrollo emocional puede verse afectado por factores externos, como el entorno familiar y social. Los adolescentes pueden experimentar dificultades para manejar emociones intensas, lo que puede llevarles a conductas impulsivas e inapropiadas.

Sin embargo, a medida que los adolescentes desarrollan habilidades emocionales más avanzadas, pueden aprender a manejar sus emociones de manera efectiva, y mejorar su capacidad para establecer relaciones saludables con los demás.

Por lo tanto, se debe apoyar y fomentar un desarrollo emocional saludable en los adolescentes.

2.1.3. Influencia social

La influencia social en el desarrollo de los adolescentes es un aspecto que puede moldear su comportamiento, valores y percepciones del mundo que les rodea. Los adolescentes se ven expuestos a una gran variedad de influencias sociales, incluidos sus amigos, familiares, educadores, los medios de comunicación y las redes sociales.

Los amigos tienen una gran influencia sobre los adolescentes, y pueden afectar tanto positiva como negativamente a su comportamiento y actitudes.

De igual manera, los adolescentes también se ven influenciados por las normas sociales, lo que puede llevarles a la conformidad, y a la adopción de comportamientos aceptados socialmente.

También es importante destacar la influencia de la familia en el desarrollo de los adolescentes, ya que la calidad de la relación y el apoyo emocional proporcionado por los padres pueden tener un impacto significativo en su bienestar emocional y cognitivo. Aunque no seamos sus iguales, somos una influencia tangible que conviene tener en cuenta, ya sea para construir o, simplemente, para no destruir.

2.1.4. Riesgos y desafíos

Los adolescentes enfrentan una serie de riesgos y desafíos a medida que avanzan hacia la edad adulta. Por ejemplo, pueden enfrentar dificultades para establecer su identidad personal, ya que se encuentran en una etapa en la que están experimentando y explorando nuevas ideas y valores.

Asimismo, los adolescentes pueden enfrentar presiones externas, como la necesidad de adaptarse a las normas sociales, la presión de los compañeros y la influencia de los medios de comunicación.

En términos de riesgos, los adolescentes pueden afrontar problemas de salud mental, como la depresión, la ansiedad y los trastornos alimentarios. También pueden estar expuestos a situaciones de riesgo, como el consumo de drogas y alcohol, las relaciones sexuales inseguras y la violencia.

No se debe sobreproteger a los adolescentes para que no experimenten los posibles problemas derivados de estas situaciones, sino prepararlos para que los afronten de la forma más segura posible. No es factible protegerles constantemente, así que lo mejor que podemos hacer por ellos es entrenarles para que puedan protegerse solos.

Apoyar su desarrollo como futuros adultos es lo mejor que podemos hacer por ellos en esta etapa de su vida.

2.1.5. Identidad

La formación de la identidad es un proceso crucial que los adolescentes atraviesan durante su desarrollo. Durante esta etapa, los adolescentes comienzan a explorar diferentes aspectos de su identidad, incluidos su género, sexualidad, valores, intereses y objetivos en la vida.

Este proceso puede ser desafiante, ya que los adolescentes están tratando de encontrar un sentido de pertenencia, y de comprender quiénes son en el mundo. Pueden experimentar altibajos emocionales, y pueden cuestionar sus propias creencias y valores, a medida que exploran nuevas ideas y perspectivas.

La formación de la identidad no es un proceso lineal, y puede estar influenciada por una serie de factores, como la familia, los amigos y la cultura en la que se desenvuelven los adolescentes.

Como adultos, debemos ofrecer apoyo y orientación a los adolescentes mientras atraviesan este proceso, asegurándonos de que se sienten seguros y respetados en su exploración de la identidad. Al hacerlo, podemos ayudarles a desarrollar una identidad saludable y sólida, algo que beneficiará a su desarrollo en todos los niveles.

2.1.6. Importancia del apoyo y guía

El apoyo y la guía son fundamentales para un desarrollo saludable de los adolescentes. Durante la adolescencia, se enfrentan a una serie de desafíos, y pueden experimentar altibajos emocionales y cambios en su comportamiento.

Por ello, es esencial que los adultos garanticen un ambiente seguro y de apoyo, para que los adolescentes puedan desarrollarse de manera saludable.

Los adultos pueden proporcionar este apoyo y guía de muchas maneras, como fomentando una comunicación abierta y honesta, ofreciendo orientación y consejos, y animando a los adolescentes a desarrollar habilidades y valores positivos. También pueden ayudar a los adolescentes a desarrollar una autoestima saludable, y a encontrar un sentido de propósito en sus vidas.

Al proporcionar este apoyo y guía, podemos ayudar a los adolescentes a capear los desafíos de la vida, así como a desarrollar una base sólida para su futuro. Además, podemos contribuir a su bienestar emocional y cognitivo, ayudándoles a crecer, y a convertirse en adultos felices y sanos.

3. Comunicarse con adolescentes

El proceso comunicativo es un elemento clave en cualquier tipo de relación, incluyendo las que mantenemos con los adolescentes. Entender el proceso comunicativo y cómo funciona puede ayudar a los adultos a establecer una comunicación efectiva con los adolescentes.

Hay que tener en cuenta que la comunicación no siempre es un proceso fácil o sencillo. Hay muchos factores que pueden influir, como las actitudes y prejuicios del emisor y del receptor, las diferencias culturales y generacionales, y los estilos de comunicación individuales.

Al comprender los elementos del proceso comunicativo, los adultos pueden asegurarse de que su mensaje se transmite de manera clara y efectiva, y ser conscientes de cómo el receptor puede interpretar el mensaje.

También pueden adaptar su estilo de comunicación según sea necesario, para asegurarse una comunicación efectiva.

Además, al entender el proceso comunicativo, los adultos pueden aprender a escuchar de manera activa y a empatizar con el adolescente.

La escucha activa implica prestar atención a lo que se dice y cómo se dice, y hacer preguntas para aclarar la comprensión. La comprensión empática es ponerse en el lugar del adolescente y tratar de entender su perspectiva y sus sentimientos.

La escucha activa es una habilidad como otra cualquiera, que se entrena, y es de lo más práctico que aprenderás en este libro.

3.1. Elementos de la comunicación efectiva

3.1.1. El proceso comunicativo

El proceso comunicativo se compone de varios elementos. El primero es el emisor, que es la persona que envía el mensaje. En el caso de la comunicación con adolescentes, el emisor sería el adulto que está tratando de comunicarse con el adolescente, quien haría el papel de receptor.

Otro elemento es el mensaje, que es la información que se está transmitiendo.

También tenemos el canal de comunicación, que es el medio a través del cual se envía el mensaje. En la comunicación con adolescentes, el canal de comunicación puede ser la conversación cara a cara, el correo electrónico, un mensaje de texto o las redes sociales.

Una vez que se ha enviado el mensaje, el receptor lo interpreta y proporciona una respuesta al emisor. Esta respuesta puede ser verbal o no verbal, y puede ser positiva, negativa o neutral. Si la respuesta es positiva, la comunicación puede continuar y mejorar. Si es negativa, puede haber una barrera en la comunicación que debe ser abordada.

3.1.2. Cómo obtener más respuestas positivas

Establecer una comunicación efectiva con los adolescentes puede ser un desafío, sobre todo si no se sienten cómodos hablando con los adultos.

Sin embargo, hay algunas estrategias que los adultos pueden utilizar para hacer que los adolescentes se sientan más predispuestos a seguir una conversación. Estas son solo una aproximación al contacto abierto, honesto y duradero. Sirven, precisamente, para que la comunicación con adolescentes sea productiva y prolongada en el tiempo.

De nada sirve tener una conversación importante una vez al año: la confianza es algo que se gana día a día.

En primer lugar, se debe establecer un ambiente seguro y sin prejuicios. Los adolescentes pueden ser reacios a hablar con los adultos si sienten que están siendo juzgados o criticados.

Los adultos pueden establecer un ambiente seguro para que el adolescente se sienta escuchado y respetado. También pueden ser transparentes y honestos con el adolescente, lo que puede ayudar a reforzar la confianza.

En segundo lugar, es necesario escuchar de manera activa al adolescente. Esto implica prestar atención a lo que están diciendo y cómo lo están diciendo. Hay que formular preguntas para aclarar las dudas sobre lo que se está expresando, y hacer todo lo posible por evitar malentendidos, que son los que nos llevarán al conflicto.

Gracias a estas preguntas de seguimiento, los adultos pueden demostrar que están escuchando de manera activa al adolescente. Escuchar con atención a un adolescente puede hacer que este se sienta valorado y respetado, y puede alentarle a seguir hablando.

En tercer lugar, es esencial mostrar empatía. Los adolescentes pueden sentirse solos y aislados, por lo que aprecian que los adultos comprendan sus sentimientos y perspectivas. Los adultos pueden demostrar empatía tratando de comprender sus problemas y preocupaciones, e intentando ponerse en su lugar. Esto puede hacer que el adolescente se sienta más predispuesto a hablar y a compartir sus pensamientos y sentimientos.

No olvides ser auténtico y genuino. Los adolescentes pueden detectar con facilidad cuando alguien no estás siendo totalmente sincero. Los adultos pueden ser auténticos y genuinos al hablar con el adolescente, y al compartir sus propias experiencias y sentimientos. Ser auténtico y genuino puede hacer que el adolescente se sienta más cómodo y seguro hablando.

Asimismo, siempre conviene ser paciente y comprensivo. A los adolescentes les puede llevar tiempo abrirse y hablar con los adultos (aunque no a todos por igual). Los adultos deben ser pacientes y comprensivos, y dar al adolescente el tiempo y el espacio que necesitan para sentirse cómodos hablando.

De igual manera, los adultos también pueden ser comprensivos al aceptar que no siempre tendrán todas las respuestas o soluciones para los problemas del adolescente.

Algo crucial que suele dejarse de lado es ser respetuoso con el espacio personal del adolescente. Los adolescentes pueden sentirse invadidos si los adultos intentan forzar una conversación o hacen preguntas intrusivas. En su lugar, puedes preguntar si es un buen momento para hablar, y si el adolescente está cómodo conversando sobre un tema en particular.

3.2. Barreras comunicativas con los adolescentes

Las barreras comunicativas son obstáculos que pueden dificultar el proceso de comunicación entre dos personas. Al tratar con adolescentes, hay algunas barreras comunicativas comunes que pueden surgir y dificultar una comunicación efectiva.

A continuación, te presento algunas de las principales barreras comunicativas que existen al tratar con un adolescente, así como recomendaciones para superarlas.

1. Falta de interés

Los adolescentes pueden no estar interesados en hablar con los adultos, sobre si sienten que estos no entiende sus intereses o preocupaciones.

Para superar esta barrera, los adultos pueden mostrar interés en lo que el adolescente está diciendo, y tratar de ponerse en su lugar. Preguntar acerca de sus intereses y aficiones puede ayudar a demostrar que se preocupan por lo que el adolescente tiene que decir.

2. Juicios

Los adolescentes pueden sentirse juzgados o criticados si un adulto es demasiado severo con ellos.

Para superar esta barrera, los adultos pueden establecer un ambiente seguro y libre de juicios al hablar con el adolescente. Esto puede hacer que este se sienta más cómodo charlando y compartiendo sus pensamientos y sentimientos.

3. Falta de confianza

Los adolescentes pueden no confiar en los adultos si han tenido malas experiencias en el pasado, o si sienten que el adulto no es sincero.

Para superar esta barrera, los adultos deben ser transparentes y honestos con el adolescente, lo que puede ayudar a reforzar la confianza entre ambas partes.

4. Lenguaje no verbal

Los adolescentes pueden prestar más atención al

lenguaje no verbal que al lenguaje verbal. Si el adulto está cruzado de brazos o parece aburrido, estos pueden interpretarlo como falta de interés o juicio.

Para superar esta barrera, los adultos deben prestar atención a su lenguaje no verbal, y asegurarse de que su postura y expresión facial son abiertas y amistosas.

5. Diferencias generacionales

Los adultos y los adolescentes pueden tener distintas perspectivas debido a las diferencias generacionales.

Para superar esta barrera, los adultos deben tratar de entender el punto de vista del adolescente y ser respetuosos con sus opiniones. Esta puede ser la base de una comunicación efectiva y significativa.

6. Distorsión de la información

Los adolescentes pueden distorsionar la información o no entender el mensaje correctamente.

Para superar esta barrera, los adultos deben asegurarse de que el adolescente entiende lo que están diciendo mediante preguntas de seguimiento.

3.3. Estrategias para mejorar la comunicación

La comunicación efectiva es esencial para construir relaciones saludables y duraderas. Cuando se trata de comunicarse con adolescentes, existen algunas técnicas que pueden ayudar a mejorar la comunicación a largo plazo.

En este apartado, te presento algunas de las principales técnicas para mejorar la comunicación con un adolescente a largo plazo.

1. Escucha activa

La escucha activa es la técnica más importante para mejorar la comunicación, no solo con los adolescentes, y no podemos dejar de mencionarla en esta lista. Significa prestar atención a lo que el adolescente está diciendo, y demostrar que se está escuchando. Esto puede ayudar a que el adolescente se sienta valorado y comprendido.

De igual modo, la escucha activa puede ayudar a los adultos a comprender mejor las perspectivas y preocupaciones del adolescente, lo que puede construir relaciones más sanas y duraderas.

2. Respeto mutuo

El respeto mutuo es esencial para construir relaciones saludables a largo plazo con los adolescentes. Los adultos pueden mostrar respeto mutuo al ser sinceros y transparentes en su comunicación, siendo comprensivos y empáticos, y aceptando las diferencias y puntos de vista únicos del adolescente.

Respeto mutuo también significa tratar al adolescente con respeto y dignidad, incluso si el adulto no está de acuerdo con sus acciones o decisiones.

3. Comunicación abierta

La comunicación abierta es otra técnica a destacar para mejorar la comunicación con los adolescentes. Esto es que los adultos deben estar dispuestos a hablar sobre cualquier tema, incluso si es incómodo o difícil.

La comunicación abierta también significa que los adultos deben estar dispuestos a compartir sus propios pensamientos y sentimientos, lo que puede construir confianza y fomentar una comunicación más significativa y efectiva.

4. Comunicación no violenta

La comunicación no violenta es una técnica que puede mejorar la comunicación con los adolescentes desde el respeto y dejando de lado los juicios. Esta implica enfocarse en los sentimientos y necesidades del adolescente, en lugar de atacar su comportamiento.

Los adultos pueden practicar la comunicación no violenta al expresar sus sentimientos de manera clara y respetuosa, escuchar al adolescente con empatía y tratar de entender su perspectiva.

5. Crear un ambiente seguro

Crear un ambiente seguro es fundamental para fomentar una comunicación efectiva con los adolescentes. Los adultos pueden crear un ambiente seguro al ser comprensivos, respetuosos y dejar de lado los juicios, establecer límites claros y consistentes, y ofrecer apoyo emocional útil.

Cuando el adolescente se siente seguro y valorado, es más probable que se abra y comparta sus pensamientos y sentimientos.

Con todo, debes llevar cuidado de no romper el ambiente seguro al menor contratiempo: la dificultad de establecer este tipo de espacios en el futuro será mucho mayor, si no imposible.

6. Aceptación incondicional

La aceptación incondicional es otra técnica clave para mejorar la comunicación con los adolescentes a largo plazo. Significa aceptar al adolescente por quien es, sin juzgarlo ni criticarlo.

Los adultos pueden practicar la aceptación incondicional al aceptar las diferencias y perspectivas únicas del adolescente, ofrecer apoyo emocional práctico, y evitar la crítica o el juicio.

7. Comunicación frecuente

La comunicación frecuente es de gran ayuda para construir relaciones saludables y duraderas con los adolescentes. Los adultos pueden comunicarse con regularidad con los adolescentes para establecer una relación de confianza.

Estos no significa que se deban tener conversaciones productivas todos los días ni todas las semanas, sino que, incluso si la conversación no lleva a ningún sitio (como por ejemplo, la que puede darse durante las horas de las comidas juntos), se tengan a diario como algo en lo que el adolescente pueda expresarse libremente. Esto implica estar dispuesto a escuchar al adolescente y a hablar sobre cualquier tema, incluso si es incómodo o difícil.

8. Comunicación visual

La comunicación visual también puede ser una técnica efectiva para mejorar la comunicación con los adolescentes. Los adultos pueden usar gráficos, dibujos o imágenes para comunicarse con ellos e ilustrar los puntos clave.

Esto puede ser particularmente útil para adolescentes que tengan dificultades para comunicarse de manera verbal, o para procesar información escrita.

9. Comunicación digital

La comunicación digital es cada vez más importante en

la vida de los adolescentes, por lo que los adultos pueden mejorar su comunicación al usar medios digitales para comunicarse con ellos. Puedes usar los mensajes de texto, el correo electrónico o las redes sociales para comunicarte con el adolescente y establecer una relación de confianza.

Es crucial que los adultos se familiaricen con las plataformas digitales que utilizan los adolescentes, y establezcan límites claros y consistentes en cuanto al uso y acceso a las mismas.

10. Comunicación multilingüe

Si el adolescente habla otro idioma (además del idioma principal utilizado en la comunicación), los adultos pueden mejorar su comunicación con él al aprender el nuevo idioma o utilizar servicios de traducción. Esto puede parecer algo superfluo, pero cuando una persona aprende un idioma, la forma en la que su cerebro entiende las relaciones (además de la exposición a la cultura en la que se habla ese idioma), hacen que la persona experimente un cambio radical.

Esto puede ayudar al adolescente a sentirse valorado y comprendido, lo que puede mejorar la calidad de la comunicación.

Ten en cuenta que no hace falta viajar para estar expuesto a una cultura, como concepto abstracto. Si el adolescente habla inglés y se relaciona con otras personas en línea en ese idioma, la cultura anglófona online es una en sí misma, y es diferente a la del mundo real (o la de los Estados Unidos, o de la cultura hispana en Internet).

No se pueden censurar todas las actividades de un adolescente, así que tendrás que hacer un esfuerzo para adaptarte, ya sea aprendiendo el idioma o de otra forma.

3.4. Comunicación cara a cara

La comunicación cara a cara con un adolescente puede ser desafiante, pero es esencial para mantener una buena relación y ayudarle a desarrollarse de manera saludable. En cualquier conversación, es importante ser respetuoso y escuchar con atención, permitiendo que el adolescente tenga su propio espacio para expresarse, y pueda compartir sus pensamientos y sentimientos.

Si vas a tener una conversación seria y relevante,

plantéate en primer lugar si es necesaria. Este tipo de conversaciones tienen un mayor impacto, pero pierden su efecto si se hacen con demasiada frecuencia. Además, la mayor parte de los problemas con adolescentes no llegarán a mayores si la comunicación cotidiana con ellos se incrementa. Por tanto, evalúa la situación y utiliza la herramienta más adecuada para cada caso.

Si realmente es necesaria una conversación profunda (que no necesariamente debe ser una regañina), sino hablar de un tema de vital importancia, asegúrate de proporcionar un ambiente seguro y de apoyo. Este debe ser un ambiente donde el adolescente se sienta cómodo para hablar y ser escuchado, incluso si el tema es delicado o difícil.

Asimismo, es fundamental que los adultos no le juzguen, y que lo escuchen con la mente abierta y sin prejuicios.

También hay que ser claro y directo al expresar la propia opinión, pero siempre respetando la del adolescente.

En las conversaciones casuales del día a día, el enfoque

puede ser más relajado y ligero. No eres su amigo, pero tampoco eres su enemigo, ni una persona que pasa por su vida para proporcionarle dinero u objetos. Este tipo de conversaciones pueden darse a diario, con tan solo comentar las noticias, preguntar qué tal ha ido el día, o cortando algo del tuyo propio.

Por lo general, si una persona quiere confianza, primero debe ofrecerla. Estas situaciones pueden ser oportunidades muy valiosas para conectar con el adolescente y construir una relación cercana. Recuerda que los adolescentes están en una etapa de transición, y pueden estar experimentando altibajos emocionales. Por lo tanto, muéstrate sensible y empático con ellos en todo momento.

Recuerda que la comunicación con un adolescente no solo consiste en hablar. También se trata de escuchar de manera activa y prestar atención a las señales no verbales. Los adolescentes pueden no ser tan directos en su comunicación, por lo que es importante estar atentos a su lenguaje corporal y expresiones faciales, para comprender mejor cómo se sienten.

Puede que a veces los adolescentes se cierren y se vuelvan reacios a hablar. En estos casos, no trates de forzar la conversación. Mejor dales su espacio y tiempo para procesar sus sentimientos.

No obstante, hazles saber que estás disponible y dispuesto a escucharles cuando estén listos para hablar.

3.5. Comunicación no verbal

El lenguaje no verbal es una forma de comunicación típica en las interacciones sociales, y los adolescentes no son la excepción. A menudo, pueden expresar mucho más a través de su lenguaje corporal y tono de voz que con las palabras.

Los adultos que interactúan con adolescentes deben comprender saber muy bien cómo interpretar y responder a su lenguaje no verbal. A continuación, se describen algunos de los aspectos más importantes del lenguaje no verbal de los adolescentes y cómo actuar en cada caso.

1. Postura corporal

La postura corporal es una forma de lenguaje no verbal muy expresiva. Si un adolescente se siente confiado y seguro, es probable que mantenga una postura erguida y abierta. Si, por el contrario, está ansioso o inseguro, su postura puede ser encorvada o cerrada.

Si un adulto nota que un adolescente tiene una postura cerrada, puede intentar ayudarle a sentirse más cómodo, conversando a partir de preguntas abiertas, y mostrando un interés genuino en lo que el adolescente tiene que decir.

2. Contacto visual

El contacto visual es otro aspecto esencial del lenguaje no verbal. Si un adolescente evita el contacto visual, puede ser una señal de que está ansioso o incómodo en la situación.

En estos casos, el adulto debe ser comprensivo y no presionar demasiado al adolescente para que hable.

Por otro lado, si un adolescente mantiene un contacto visual intenso, puede indicar que está muy interesado en lo que se está hablando. En este caso, el adulto puede tratar de aprovechar este interés para profundizar en la conversación.

3. Expresiones faciales

Las expresiones faciales también son una forma de lenguaje no verbal. Los adolescentes pueden mostrar sus emociones a través de sus expresiones faciales, y los adultos pueden utilizar estas señales para adaptar su manera de comunicarse.

Por ejemplo, si un adolescente parece triste, un adulto puede mostrar empatía, y tratar de encontrar maneras de ayudar. Si el parece feliz o emocionado, puedes aprovechar la oportunidad para hablar sobre las cosas positivas en su vida.

4. Tono de voz

El tono de voz de un adolescente puede ser otra señal de su estado emocional. Si un adolescente habla en un tono bajo o monótono, puede ser señal de que está deprimido o ansioso. Por contra, si habla en un tono alto o agresivo, puede ser que esté frustrado o enfadado.

Los adultos deben tener en cuenta estas señales para adaptar su comunicación a las necesidades del adolescente en cada momento.

5. Gestos

Los adolescentes pueden utilizar gestos para expresar sus sentimientos, o para enfatizar lo que están diciendo. El adulto debe mantenerse atento a sus gestos y tratar de desentrañar su significado. Si un adolescente está hablando sobre algo que le preocupa y utiliza un gesto de angustia, el adulto puede reconocer la preocupación y tratar de ayudar.

Debes tener en cuenta que el lenguaje no verbal puede variar de un adolescente a otro de manera significativa. Lo que funciona para uno puede no funcionar para otro. Por ello, los adultos deben tomarse el tiempo de observar y entender el lenguaje no verbal de cada adolescente con el que interactúen.

Por lo general, la clave para interpretar el lenguaje no verbal de los adolescentes de manera correcta es manteniendo una actitud empática y respetuosa hacia ellos. Al hacerlo, podrás crear un ambiente en el que el adolescente se siente cómodo y seguro de expresarse abiertamente, lo que a su vez facilitará una mejor comunicación y comprensión mutua.

No olvides que tú también eres una persona y que

expresas mucho a través de tu propio lenguaje corporal. Cuida de este con las pistas que has leído en los párrafos anteriores, y utilízalo a tu favor en el contexto de una conversación, sea con el adolescente o con cualquier otro adulto.

3.6. Comunicación digital

La tecnología digital ha cambiado nuestra forma de comunicarnos y conectarnos con el mundo. Y aunque a menudo se percibe como una barrera en las relaciones interpersonales, en realidad, puede ser útil para fortalecer los vínculos entre padres e hijos adolescentes. Estas son algunas formas para aprender a comunicarte con tu hijo o hija adolescente en el entorno digital.

En primer lugar, el uso de aplicaciones y plataformas digitales puede facilitar la comunicación en tiempo real. Mensajes de texto, vídeollamadas y aplicaciones de redes sociales, como WhatsApp, Instagram o TikTok, pueden ser una forma rápida y eficiente de mantenerse en contacto con un adolescente.

A través de estos medios, los padres pueden transmitir mensajes de apoyo, recordatorios importantes, y compartir experiencias diarias que pueden fomentar una conexión fuerte y constante. (Incluso compartir memes puede ser una actividad que refuerce dicha conexión. Al representar conceptos tan específicos, los memes pueden acercarnos más a ellos que un mensaje de apoyo genérico).

Aprender a comunicarse en el entorno digital también puede ayudar a los padres a estar más en sintonía con las actividades y los intereses de sus hijos adolescentes. Los padres pueden utilizar estas herramientas para conocer mejor los temas de conversación y los intereses de sus hijos, lo que les permitirá mantener conversaciones más significativas y relevantes.

Por ejemplo, pueden seguir las publicaciones de sus hijos en las redes sociales, para conocer sus pasatiempos y amigos, y así iniciar conversaciones interesantes que fomenten una mayor confianza.

Sin embargo, cabe destacar que la comunicación digital no reemplaza la comunicación cara a cara. Aunque puede ser una herramienta útil, no es el único medio de comunicación. Por ello, es necesario mantener un equilibrio entre la comunicación digital y la interacción física, ya que esta última permite una conexión emocional más fuerte y profunda.

Por último, es fundamental que los padres establezcan límites claros en el uso de las tecnologías actuales, así como en la comunicación en línea. Estos deben fomentar la importancia del respeto y la responsabilidad, y educar a los hijos sobre el uso adecuado de las herramientas digitales.

4. Temas importantes que hablar con los adolescentes

Uno de los errores que los padres suelen cometer es pensar que sus hijos adolescentes deben aprender ciertas cosas al relacionarse con sus amigos. Es cierto que los adolescentes necesitan tener amigos y un grupo social al que pertenecer, pero los padres también desempeñan un papel fundamental en la educación y formación de sus hijos.

Los adolescentes enfrentan una gran cantidad de desafíos y presiones sociales en su día a día, y los padres deben ser su principal fuente de apoyo y orientación. Hay que desterrar cuanto antes la idea de que los adolescentes solo deben aprender algunas cosas a través de la experiencia y la interacción con sus amigos, lo que puede llevar a una serie de problemas.

Por ejemplo, algunos padres pueden pensar que los adolescentes deben aprender a lidiar con las situaciones sociales, afectivas y sexuales por sí mismos, como enfrentar el rechazo o manejar los conflictos con sus amigos. Sin embargo, si los padres no proporcionan el apoyo y la guía adecuados, los adolescentes pueden sentirse desorientados y desamparados frente a estas situaciones.

En lugar de dejar que los adolescentes aprendan a través del ensayo y error, los padres deben mantenerse proactivos en la enseñanza de habilidades sociales, así como en la resolución de conflictos. Esto significa que deben estar disponibles para escuchar y apoyar a sus hijos adolescentes, ayudándoles a comprender sus emociones, y a aprender habilidades para manejar situaciones sociales difíciles.

Otro error común que cometen los padres es pensar que los adolescentes no quieren su ayuda o consejo, y que prefieren recibir información y orientación de sus amigos. No obstante, los adolescentes necesitan y buscan la guía de sus padres, aunque a veces puedan parecer reacios a admitirlo.

Los padres deben estar disponibles para hablar con sus hijos adolescentes sobre cualquier tema que les preocupe, ya sea relacionado con la escuela, la familia, la amistad, la sexualidad, o cualquier otro tema relevante. Al mantener una comunicación abierta y honesta, los padres pueden ayudar a sus hijos a sentirse cómodos para hablar sobre cualquier tema del que requieran orientación.

Asimismo, los padres también deben asegurarse de que sus hijos adolescentes están recibiendo información precisa y adecuada. Por ejemplo, pueden proporcionar información sobre la salud sexual y reproductiva, sobre las drogas y el alcohol, o sobre cualquier otro tema relevante para la edad de su hijo.

A continuación, te propongo una lista de temas que suelen ser tabúes a la hora de hablar con adolescentes, pero que deberían dejar de serlo cuanto antes por el bien de todos:

4.1. Sexualidad

La sexualidad es un tema que puede ser difícil para muchos padres, sobre todo cuando se trata de hablar con sus hijos adolescentes. Aunque pueda parecer incómodo, hablar abierta y honestamente sobre sexualidad es fundamental para su bienestar y salud.

Los adolescentes que reciben información precisa y detallada sobre sexualidad son más propensos a mantener relaciones sexuales saludables, y a tomar decisiones informadas sobre su salud sexual y reproductiva. De igual manera, hablar de sexualidad ayuda a los adolescentes a desarrollar una actitud positiva hacia ella, y a entender que es una parte natural de la vida.

Por contra, no hablar sobre sexualidad con los adolescentes puede llevar a que ellos reciban información incorrecta de fuentes poco fiables, como amigos o Internet, lo que puede llevar a comportamientos de riesgo, como el sexo sin protección o el embarazo no deseado. También puede afectar a la relación entre padres e hijos, ya que los adolescentes pueden sentir que sus padres no están dispuestos a hablar de temas relevantes para ellos.

Para hablar de sexualidad con los adolescentes de manera efectiva, los padres deben tener en cuenta algunas cuestiones.

Para empezar, hay que hablar de sexo con naturalidad, sin tabúes ni prejuicios. Los padres deben ser claros y directos, y usar un lenguaje sencillo y comprensible. También es crucial que escuchen a sus hijos, y respondan a sus preguntas de manera honesta y precisa.

Otra recomendación es que los padres deben hablar de sexualidad de manera temprana y con regularidad. Es preferible que los adolescentes reciban información de manera gradual y constante en lugar de una charla única y abrumadora. Esto favorecerá que se sientan cómodos para preguntar y hablar sobre el tema en cualquier momento.

Es fundamental hablar de todos los aspectos de la sexualidad, incluyendo la pubertad, la anticoncepción y de las infecciones de transmisión sexual. También de la importancia del respeto y la comunicación en las relaciones sexuales.

Además de hablar abiertamente sobre sexualidad, los padres también pueden apoyar a sus hijos adolescentes en su educación sexual de otras maneras. Pueden proporcionar material educativo fiable, como folletos o libros, o recomendar sitios web de calidad sobre educación sexual.

También pueden acompañar a sus hijos a citas médicas y asegurarse de que reciban atención adecuada por parte de los profesionales de la salud.

4.2. Drogas y alcohol

La adolescencia es una etapa en la que los jóvenes están experimentando nuevas experiencias y sensaciones, y, en algunos casos, pueden verse tentados a probar sustancias nocivas, como el alcohol, el tabaco o las drogas.

Por esta razón, los padres deben hablar con sus hijos adolescentes sobre estas cuestiones, y proporcionarles información clara y precisa sobre los riesgos asociados al consumo de estas sustancias.

Hablar abiertamente con los adolescentes sobre drogas, alcohol y otras adicciones tiene varios beneficios.

En primer lugar, les permite comprender los riesgos

que conlleva el consumo de sustancias nocivas, así como las consecuencias a largo plazo que pueden tener sobre su salud física y mental. También les ayuda a desarrollar habilidades para resistir la presión social, y tomar decisiones informadas sobre su propia salud y bienestar.

Por otro lado, la falta de comunicación sobre estos temas puede tener graves consecuencias. Los adolescentes que no reciben información adecuada sobre los peligros del consumo de drogas o alcohol corren un mayor riesgo de sufrir sus efectos negativos. Ten en cuenta que los adolescentes que se sienten incapaces de hablar con sus padres sobre estos temas pueden buscar información en fuentes no fiables, exponiéndose a información errónea o peligrosa.

Para abordar estos temas de manera efectiva, los padres deben hablar con sus hijos adolescentes de manera abierta y honesta, sin juzgarlos ni criticarlos. Estos deben sentir que sus padres están dispuestos a escucharles, y a responder a sus preguntas sin juzgarles.

De igual manera, los padres deben ofrecer información clara y precisa sobre los riesgos asociados al consumo de drogas y alcohol, así como sobre las opciones de tratamiento y apoyo disponibles.

El enfoque de los padres en la prevención del consumo de sustancias debe basarse en una comunicación abierta y continua con sus hijos adolescentes, en lugar de centrarse solo en los riesgos y consecuencias.

Otro aspecto importante a tener en cuenta es la importancia de ser un buen modelo a seguir. Los padres deben demostrar comportamientos saludables y responsables en su propio consumo de alcohol y drogas. Si te preocupas por tu propia salud y bienestar, y hablas abierta y honestamente con tus hijos sobre estos temas, puedes ayudarles a fomentar un ambiente familiar positivo en el que se sientan cómodos hablando.

4.3. Problemas de salud mental

Hablar con los adolescentes sobre los problemas de salud mental es de vital importancia. Los adolescentes están experimentando muchos cambios en sus vidas, y enfrentan desafíos emocionales y sociales completamente nuevos para ellos. Hablar con ellos sobre sus sentimientos y sobre cómo manejar el estrés es fundamental para su bienestar emocional.

Uno de los beneficios más relevantes de hablar sobre salud mental con los adolescentes es que les da las herramientas y recursos necesarios para hacer frente a sus problemas emocionales. Al hablar de manera abierta sobre salud mental, los adolescentes pueden conocer los signos y síntomas de los diferentes trastornos y cómo obtener ayuda.

En la misma línea, conocer la importancia de la salud mental puede ayudarles a desarrollar habilidades para el cuidado personal y la autorregulación emocional.

Por otro lado, no hablar sobre salud mental puede tener graves consecuencias. Los adolescentes pueden sentirse aislados, estigmatizados y avergonzados de sus problemas emocionales. Si no se les da información y apoyo, es posible que no sepan cómo buscar ayuda, lo que puede llevarles a problemas más graves a largo plazo.

De hecho, una manera de enfocar estos y otros temas es fomentar un ambiente de apoyo y comprensión en el hogar. Si los adolescentes saben que pueden hablar de manera sincera con sus padres o tutores sobre sus sentimientos, es más probable que busquen ayuda si la necesitan. Esto puede lograrse estableciendo una comunicación abierta y constructiva, en la que se les escuche y se brinde apoyo emocional, sin juzgar ni minimizar sentimientos.

Como suele ocurrir, lo mejor para abordar una conversación sobre la salud mental con adolescentes es normalizándola. Deben saber que tener problemas emocionales es normal, y que no están solos en su experiencia. Se les debe recordar que es importante buscar ayuda y apoyo cuando sea necesario, y que hacerlo no es un signo de debilidad.

También hay que asegurarse de que los adolescentes sepan que hay muchos recursos y servicios disponibles para ayudarles a manejar sus problemas emocionales.

4.4. Desempeño académico

Hablar con los adolescentes sobre su desempeño académico es esencial para su crecimiento personal y profesional. En lugar de esperar a que surja un problema, los padres deben tener conversaciones regulares y abiertas sobre los estudios de sus hijos.

En primer lugar, hablar sobre el desempeño académico de los adolescentes les ayuda a sentirse apoyados y motivados. Estos necesitan saber que sus padres están interesados en su educación, y que están dispuestos a ayudarles. Al mantener conversaciones regulares sobre los estudios, los padres pueden darle a sus hijos la oportunidad de hablar sobre sus fortalezas y debilidades, lo que a su vez les ayuda a desarrollar una mayor autoconfianza.

En segundo lugar, hablar sobre el desempeño académico también les da a los padres la oportunidad de detectar y abordar problemas de manera temprana. Por ejemplo, si un adolescente está teniendo dificultades en una asignatura, hablar sobre ello puede ayudar a identificar las causas subyacentes del problema, y buscar soluciones juntos. Al abordar estos problemas temprano, los padres pueden evitar que el rendimiento académico de sus hijos se vea afectado a largo plazo.

Asimismo, hablar sobre el desempeño académico también puede ayudar a los adolescentes a desarrollar habilidades valiosas para la vida. Al trabajar juntos en la identificación de fortalezas y debilidades, los adolescentes pueden aprender a establecer objetivos y a desarrollar planes para alcanzarlos. Estas habilidades no solo son útiles para la educación, ya que también pueden ser aplicadas en otros ámbitos de la vida.

Por último, hablar sobre el desempeño académico puede ayudar a los adolescentes a entender la importancia de la educación y su impacto en su futuro. Los padres pueden hablar sobre cómo un buen desempeño académico puede abrir puertas a oportunidades futuras, como la admisión a una universidad o un mejor empleo. Al tener estas conversaciones, los adolescentes pueden desarrollar una mayor motivación para aprender y mejorar su rendimiento.

Para tener conversaciones efectivas sobre el entorno académico con los adolescentes, los padres deben mantener un enfoque positivo y de apoyo. En lugar de centrarse en las notas o calificaciones en sí mismas, es preferible que se centren en el proceso de aprendizaje, y en cómo ayudar a sus hijos a alcanzar sus metas. Algunas formas de hacerlo son:

• Fomentar una actitud positiva hacia el aprendizaje. Los padres pueden ayudar a sus hijos a desarrollar una actitud positiva hacia el aprendizaje al celebrar sus éxitos, y al animarles a seguir aprendiendo, incluso cuando enfrentan dificultades.

- Practicar la escucha activa. Hay que estar dispuesto a escuchar a nuestros hijos y a entender sus puntos de vista. Esto no solo les hace sentirse apoyados, también puede proporcionarte información valiosa sobre cómo puedes ayudarles.

- Establecer metas realistas. Los padres y los adolescentes pueden trabajar juntos para fijar metas realistas y alcanzables. Al hacerlo, los adolescentes pueden sentirse más motivados y enfocados en su aprendizaje.

Como beneficio adicional, al hablar con los adolescentes sobre su desempeño académico, se puede identificar más rápido si algún problema está afectando a su rendimiento escolar (problemas de aprendizaje, estrés, ansiedad, depresión, etc.). Si estos obstáculo se detectan temprano, se puede intervenir de manera oportuna con el apoyo necesario para que el adolescente los supere.

Con todo, estos diálogos no se pueden limitar a momentos en los que el rendimiento académico del adolescente no es el esperado. También es necesario conversar con ellos sobre sus logros, reconocer su esfuerzo y celebrar sus triunfos. Esto hará que se sientan valorados y motivados a seguir trabajando duro. Además de favorecer su autoconocimiento, sabrán distinguir mejor qué se les da bien y qué se les da mal, y por qué.

Para afrontar estas conversaciones, trata de elegir el momento y lugar adecuados, preferiblemente en un ambiente tranquilo y sin distracciones. Ante todo, evita críticas o comentarios negativos sobre su rendimiento. En su lugar, apóyale, y ofrécele orientación sobre cómo mejorar y alcanzar sus metas educativas.

4.5. Relaciones interpersonales

Hablar de relaciones interpersonales puede ser complicado para muchas personas, sobre todo cuando se trata de adolescentes. Sin embargo, hay que tener en cuenta que los estos están en una etapa de su vida en la que exploran nuevas formas de relacionarse con los demás, hasta aprender a interactuar de una manera madura y responsable.

Por ello, hablar con libertad y tolerancia con ellos

sobre sus relaciones interpersonales es vital para su desarrollo emocional y social.

La comunicación abierta y tolerante sobre relaciones interpersonales puede ayudar a los adolescentes a establecer relaciones saludables y evitar aquellas que pueden ser tóxicas o peligrosas.

Los padres pueden comenzar hablando de relaciones amistosas, explicando la importancia de respetar a los demás, y cómo construir relaciones positivas, basadas en el respeto mutuo y la confianza. (En este contexto, siempre hay que enfatizar que todos merecen relaciones saludables y que no hay justificación para cualquier tipo de abuso o acoso).

Cuando se trata de relaciones sentimentales, los padres tienen que hablar con los adolescentes sobre las diferentes formas de relación, incluidas las heterosexuales, homosexuales y bisexuales. Los padres deben ser abiertos y comprensivos, y hacer hincapié en que el amor y la atracción pueden manifestarse de muchas formas distintas.

También deben enfatizar la importancia de establecer límites saludables y respetar los de los demás, así como reconocer cuando una relación se vuelve tóxica o dañina.

Asimismo, hablar de manera tolerante sobre relaciones interpersonales también puede ayudar a los adolescentes a desarrollar habilidades de comunicación y resolución de conflictos. Los padres pueden enseñarles a expresar sus sentimientos y necesidades de manera clara y respetuosa, y a escuchar y comprender los de los demás.

Los adolescentes pueden practicar estas habilidades en sus relaciones interpersonales y en su vida cotidiana, lo que puede mejorar de manera significativa su calidad de vida y sus relaciones en el largo plazo.

Para concluir, recuerda que los padres deben ser respetuosos y tolerantes en las sus conversaciones con sus hijos adolescentes, no solo en lo que respecta a las relaciones interpersonales. Los padres deben escuchar y comprender las perspectivas y experiencias de sus hijos adolescentes, y nunca juzgarlos ni criticarlos, o se minará la confianza mutua.

5. Cómo abordar situaciones difíciles de adolescentes

Debemos entender que, en algún momento, todos los padres nos enfrentamos a situaciones difíciles con nuestros hijos adolescentes. Por ello, es necesario estar preparados y tener herramientas para afrontar estos retos de manera efectiva. En lugar de temerlos, los padres debemos estar preparados para enfrentarlos con la confianza y el conocimiento necesarios.

Cada adolescente es único, por lo que no existe una

receta universal para tratar con ellos. Sin embargo, hay ciertas situaciones que suelen darse en esta etapa de la vida, y que los padres deben tener en cuenta. Por ejemplo, como hablábamos en otro capítulo, la presión de grupo, las relaciones sociales, el consumo de drogas y alcohol, el rendimiento escolar o la independencia.

Los padres tenemos que estar atentos a estos temas para abordarlos de manera proactiva. Al hacerlo, podemos ayudar a nuestros hijos a desarrollar habilidades y estrategias para enfrentar estos desafíos. Si los padres no están preparados para estas situaciones, pueden ser tomados por sorpresa y no saber cómo manejarlas.

La adolescencia puede ser una época de conflicto y estrés tanto para los adolescentes como para sus padres. Pero también puede ser una oportunidad para fortalecer la relación entre ambas partes, fomentando la comunicación, el respeto y la confianza mutuas.

En este capítulo no voy a tratar de nuevo cada una de las situaciones, sino que te daré algunas pautas para actuar cuando el adolescente ya haya infringido las reglas y no haya marcha atrás.

5.1. Conflictos

Como padres, estar preparados para manejar las situaciones de conflicto de manera efectiva es una habilidad básica que se debe adquirir. A continuación, te ofrezco algunas recomendaciones para gestionar una situación de conflicto con tu hijo adolescente:

1. Mantener la calma

Cuando estamos en medio de una situación de conflicto con nuestro hijo adolescente, es fácil dejarse llevar por la emoción y reaccionar de manera impulsiva. Sin embargo, es mejor mantener la calma y no dejar que nuestras emociones nos dominen.

Si nos dejamos llevar por la emoción, es probable que tomemos decisiones equivocadas o que empeoremos la situación.

2. Escuchar y validar sus sentimientos

Es fundamental escuchar a nuestro hijo adolescente y validar sus sentimientos.

A menudo, los adolescentes sienten que no son escuchados, o que sus sentimientos no se tienen en cuenta. Escuchar de manera activa y validar sus sentimientos es una forma de demostrarles que nos importan, y que nos preocupamos por sus emociones.

3. Comunicar tus propios sentimientos

Asimismo, comunicar nuestros propios sentimientos de manera clara y directa es también una buena idea. Los adolescentes deben entender cómo nos sentimos y por qué estamos preocupados o enojados.

Comunicar nuestros propios sentimientos puede ayudar a fomentar una comunicación abierta y honesta entre padres e hijos.

Del mismo modo, si nos comportamos de una forma asertiva, estaremos inculcando este valor en ellos, para que sus próximas discusiones (con nosotros o con otras personas) sean más asertivas.

4. Buscar soluciones juntos

En lugar de tratar de imponer nuestra propia solución, es mejor buscar soluciones juntos.

Los adolescentes necesitan sentir que tienen cierto

grado de control sobre su propia vida y tomar decisiones por sí mismos. Al involucrar a nuestro hijo adolescente en la búsqueda de soluciones, estamos fomentando su sentido de responsabilidad y autonomía.

5. Ser consistente

Es crucial ser consistente en nuestra manera de manejar situaciones de conflicto con nuestro hijo adolescente. Si cambiamos de opinión o cambiamos nuestras reglas constantemente, puede que le confundamos y que se sienta frustrado o enojado.

Ser consistente y predecible en nuestra manera de manejar los conflictos puede fomentar la confianza y la seguridad en la relación con nuestro hijo adolescente.

6. Aceptar que no siempre puedes tener la razón

A veces, como padres, podemos estar equivocados. Es fundamental aceptar que no siempre tenemos la razón, y estar dispuestos a ceder cuando sea necesario.

Si nos equivocamos, debemos estar dispuestos a admitirlo y disculparnos. Esto puede ayudar a fomentar una comunicación abierta y honesta con nuestro hijo adolescente.

7. *Buscar ayuda si es necesario*

Si la situación de conflicto se vuelve demasiado difícil de manejar, es preferible buscar ayuda. Los padres pueden buscar la ayuda de un terapeuta o consejero para obtener orientación y apoyo.

También se puede recurrir a la ayuda de otros adultos de confianza en la vida de nuestro hijo adolescente, como un entrenador o un mentor.

5.2. Mentiras y secretos

Cuando se ha dado un conflicto, puede que seamos nosotros quienes debamos reprender al adolescente por un mal hábito, como es el caso de las mentiras u ocultar información relevante. La siguiente lista puede que te ayude a lidiar con este tipo de situaciones:

1. *Mantener la calma*

Al igual que en el caso anterior, no podemos entrar en pánico ni dejar que la emoción nos domine. Es natural sentirse enojado o frustrado, pero no te dejes llevar por estas emociones.

Debemos tratar de mantener la serenidad para poder abordar el problema de manera efectiva.

2. Descubrir la razón detrás de la mentira u ocultación

Una vez que estamos en calma, hay que intentar descubrir la razón detrás de la mentira u ocultación. A veces, los adolescentes pueden mentir u ocultar información porque se sienten presionados, porque no quieren decepcionarnos o porque tienen miedo de nuestras reacciones.

Hay que entender la perspectiva de nuestro hijo adolescente para poder abordar el problema adecuadamente.

3. Establecer límites claros

Una vez comprendemos la razón detrás de la mentira u ocultación, se deben establecer unos límites claros y las consecuencias pertinentes. Tenemos que comunicar a nuestro hijo adolescente que mentir u ocultar información no es aceptable, y que tendrá consecuencias negativas. Las consecuencias deben justas y proporcionales a la gravedad de la situación.

4. Fomentar una comunicación abierta y honesta

Es crucial fomentar una comunicación abierta y honesta con nuestro hijo adolescente. Debemos asegurarnos de que nuestro hijo se siente seguro y cómodo hablando con nosotros, y de que sepa que siempre estamos dispuestos a escucharle.

Una comunicación abierta y honesta puede ayudar a prevenir futuras situaciones de mentira u ocultación.

5. No violar la privacidad del adolescente

Es importante no violar la privacidad de nuestro hijo adolescente. Aunque es comprensible que queramos saber todo lo que está sucediendo en su vida, entrometerse en su privacidad solo aumentará la probabilidad de que nos mienta o nos oculte información.

Por ello, es preferible confiar en nuestro hijo y respetar su privacidad.

6. Dar un buen ejemplo

Como padres, debemos dar un buen ejemplo y ser un modelo a seguir para nuestro hijo. Debemos ser honestos y transparentes en nuestras propias acciones y decisiones. Si nuestro hijo nos ve siendo honestos, es más probable que siga nuestro ejemplo.

5.3. Comportamiento rebelde

Si el comportamiento rebelde de nuestro hijo adolescente llega a consecuencias más graves que, por ejemplo, un suspenso, es posible que sea necesario tomar medidas serias.

Por ejemplo, si nuestro hijo se mete en problemas con la ley, puede ser necesario buscar la ayuda de un abogado o un asesor legal. Es necesario tomar medidas tajantes para asegurar su seguridad y bienestar y de quienes lo rodean.

Si nuestro hijo ha cometido una ilegalidad, es parte de nuestro instinto protegerle, y evitar toda consecuencia legal que no le favorezca. Con todo, parte de la responsabilidad como futuros adultos consiste en aprender que los actos tienen consecuencias.

En cualquier caso, ser buenos modelos para el adolescente, tener una comunicación abierta y honesta, y buscar ayuda médica es, en algunos casos, suficiente para la mayoría de las personas.

Ahora me encantaría a mí leerte a ti.

¡Escanea el QR y déjame tu reseña en Amazon!

Si te ha gustado este libro, no te pierdas los otros títulos similares de esta autora:

Ser padres y madres en la era digital: Guía práctica y efectiva para integrar y convivir con la tecnología en familia

Disponible en eBook Kindle y tapa blanda. ¡Escanea el QR y hazte con él!

Made in the USA
Las Vegas, NV
06 November 2023

Made in the USA
Las Vegas, NV
06 November 2023

80339787R00046